D0849768

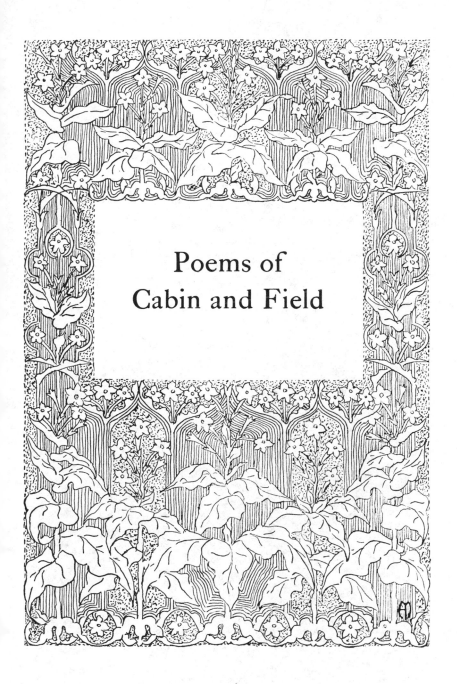

Poems of
Cabin and Field

AMS PRESS
NEW YORK

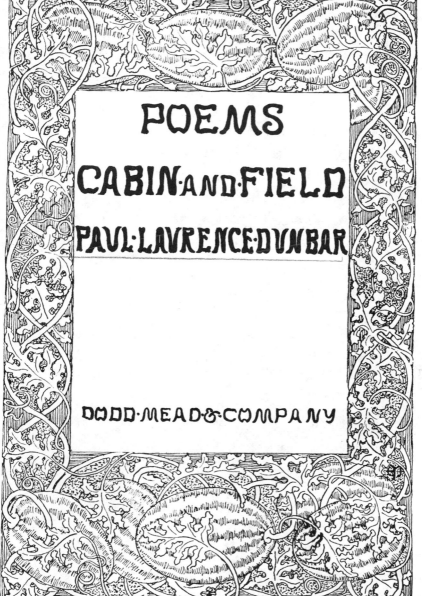

POEMS
CABIN·and·FIELD
PAVL·LAVRENCE·DVNBAR

DODD·MEAD·&·COMPANY

Library of Congress Cataloging in Publication Data

Dunbar, Paul Laurence, 1872-1906.
  Poems of cabin and field.

  I. Title.
PS1556.P6 1972   811'.4   73-164803
ISBN 0-404-00041-X   New York, 1899

Reprinted from the edition of 1899,New York
First AMS edition published in 1972
Manufactured in the United States of America

International Standard Book Number: 0-404-0041-X

AMS PRESS INC.
NEW YORK,N.Y. 10003

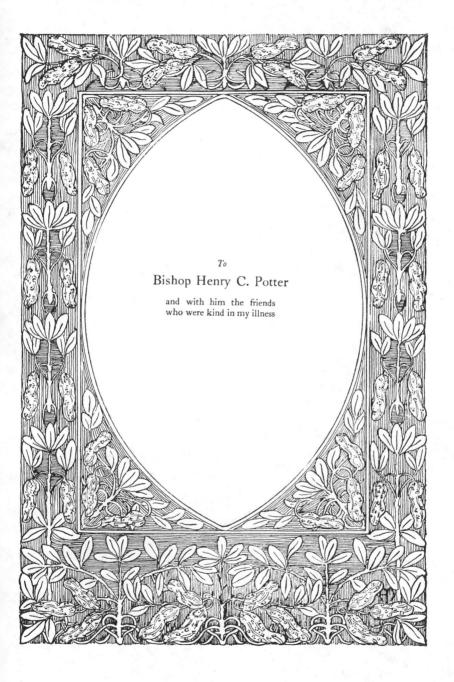

To

Bishop Henry C. Potter

and with him the friends
who were kind in my illness

Contents

The Deserted Plantation

9

Oh, de grubbin'-hoe 's a-rustin' in de co'nah,

    An' de plow 's a-tumblin' down in de fiel',

While de whippo'will 's a-wailin' lak a mou'nah

    When his stubbo'n hea't is tryin' ha'd to yiel'.

13

In de furrers whah de co'n was allus wavin',
  Now de weeds is growin' green an' rank an' tall;
An' de swallers round' de whole place is a-bravin'
  Lak dey thought deir folks had allus owned it all.

15

An' de big house stan's all quiet lak an' solemn,
  Not a blessed soul in pa'lor, po'ch, er lawn;
Not a guest, ner not a ca'iage lef' to haul 'em,
  Fu' de ones dat tu'ned de latch-string out air gone.

17

An' de banjo's voice is silent in de qua'ters,

    D' ain't a hymn ner co'n-song ringin' in de air ;

But de murmur of a branch's passin' waters

    Is de only soun' dat breks de stillness dere.

19

Whah's de da'kies, dem dat used to be a-dancin'
  Ev'ry night befo' de ol' cabin do'?
Whah's de chillun, dem dat used to be a-prancin'
  Er a-rollin' in de san' er on de flo'?

21

Whah's ol' Uncle Mordecai an' Uncle Aaron?

Whah's Aunt Doshy, Sam, an' Kit, an' all de
res'?

Whah's ol' Tom de da'ky fiddlah, how's he farin'?

Whah's de gals dat used to sing an' dance de
bes'?

23

Gone! not one o' dem is lef' to tell de story;

　　Dey have lef' de deah ol' place to fall away.

Could n't one o' dem dat seed it in its glory

　　Stay to watch it in de hour of decay?

25

Dey have lef' de ol' plantation to de swallers,

But it hol's in me a lover till de las';

Fu' I fin' hyeah in de memory dat follers

All dat loved me an' dat I loved in de pas'.

27

So I 'll stay an' watch de deah ol' place an' tend it

    Ez I used to in de happy days gone by.

Twell de othah Mastah thinks it 's time to end it,

    An' calls me to my qua'ters in de sky.

Hunting Song

31

Tek a cool night, good an' cleah,
Skiff o' snow upon de groun';
Jes' 'bout fall-time o' de yeah
W'en de leaves is dry an' brown;
Tek a dog an' tek a axe,
Tek a lantu'n in yo' han',
Step light whah de switches cracks,
Fu' dey 's huntin' in de lan'.
Down th'oo de valleys an' ovah de hills,
Into de woods whah de 'simmon-tree grows,
Wakin' an' skeerin' de po' whippo'wills,
Huntin' fu' coon an' fu' 'possum we goes.

35

Blow dat ho'n dah loud an' strong,
 Call de dogs an' da'kies neah;
Mek its music cleah an' long,
 So de folks at home kin hyeah.
Blow it twell de hills an' trees
 Sen's de echoes tumblin' back;
Blow it twell de back'ard breeze
 Tells de folks we 's on de track.
Coons is a-ramblin' an' 'possums is out;
 Look at dat dog; you could set on his tail!
Watch him now — steady, — min' what you 's
 about,
 Bless me, dat animal 's got on de trail!

37

Listen to him ba'kin' now!
  Dat means bus'ness, sho 's you bo'n;
Ef he 's struck de scent I 'low
  Dat ere 'possum 's sholy gone.
Knowed dat dog fu' fo'teen yeahs,
  An' I nevah seed him fail
W'en he sot dem flappin' eahs
  An' went off upon a trail.
Run, Mistah 'Possum, an' run, Mistah Coon,
  No place is safe fu' yo' ramblin' to-night;
Mas' gin de lantu'n an' God gin de moon,
  An' a long hunt gins a good appetite.

39

Look hyeah, folks, you hyeah dat change?
　　Dat ba'k is sha'per dan de res'.
Dat ere soun' ain't nothin' strange, —
　　Dat dog 's talked his level bes'.
Somep'n' 's treed, I know de soun'.
　　Dah now, — wha 'd I tell you? see!
Dat ere dog done run him down;
　　Come hyeah, he'p cut down dis tree.
Ah, Mistah 'Possum, we got you at las' —
Need n't play daid, laying dah on de groun';
Fros' an' de 'simmons has made you grow fas', —
Won't he be fine when he 's roasted up brown!

41

Little Brown Baby

Little brown baby wif spa'klin' eyes,
　Come to yo' pappy an' set on his knee.
What you been doin', suh — makin' san' pies?
　Look at dat bib — you's ez du'ty ez me.
Look at dat mouf — dat 's merlasses, I bet;
　Come hyeah, Maria, an' wipe off his han's.
Bees gwine to ketch you an' eat you up yit,
　Bein' so sticky an' sweet — goodness lan's!

47

Little brown baby wif spa'klin' eyes,
  Who's pappy's darlin' an' who's pappy's chile?
Who is it all de day nevah once tries
  Fu' to be cross, er once loses dat smile?
Whah did you git dem teef? My, you's a scamp!
  Whah did dat dimple come f'om in yo' chin?
Pappy do' know yo — I b'lieves you's a tramp;
  Mammy, dis hyeah's some ol' straggler got in!

49

Let's th'ow him outen de do' in de san',
   We do' want stragglers a-layin' 'roun' hyeah;
Let's gin him 'way to de big buggah-man;
   I know he's hidin' erroun' hyeah right neah.
Buggah-man, buggah-man, come in de do',
   Hyeah's a bad boy you kin have fu' to eat.
Mammy an' pappy do' want him no mo',
   Swaller him down f'om his haid to his feet!

51

Dah, now, I t'ought dat you'd hug me up close.
  Go back, ol' buggah, you sha'n't have dis boy.
He ain't no tramp, ner no straggler, of co'se;
  He 's pappy's pa'dner an' playmate an' joy.
Come to you' pallet now — go to yo' res';
  Wisht you could allus know ease an' cleah skies;
Wisht you could stay jes' a chile on my breas' —
  Little brown baby wif spa'klin' eyes!

53

Chris'mus is a-Comin'

Bones a-gittin' achy,
Back a-feelin' col',
Han's a-growin' shaky,
Jes' lak I was ol'.
Fros' erpon de meddah
Lookin' mighty white;
Snowdraps lak a feddah
Slippin' down at night.
Jes' keep t'ings a-hummin'
Spite o' fros' an' showahs,
Chris'mus is a-comin'
An' all de week is ouahs.

59

Little mas' a-axin',
"Who is Santy Claus?"
Meks it kin' o' taxin'
Not to brek de laws.
Chillun's pow'ful tryin'
To a pusson's grace
W'en dey go a-pryin'
Right on th'oo you' face
Down ermong yo' feelin's;
Jes' 'pears lak dat you
Got to change you' dealin's
So's to tell 'em true.

61

An' my pickaninny —
Dreamin' in his sleep!
Come hyeah, Mammy Jinny,
Come an' tek a peep.
Ol' Mas' Bob an' Missis
In dey house up daih
Got no chile lak dis is,
D' ain't none anywhaih.
Sleep, my little lammy,
Sleep, you little limb,
He do' know whut mammy
Done saved up fu' him.

63

Dey 'll be banjo pickin',
Dancin' all night th'oo.
Dey 'll be lots o' chicken,
Plenty tu'ky, too.
Drams to wet yo' whistles
So 's to drive out chills.
Whut I keer fu' drizzles
Fallin' on de hills?
Jes' keep t'ings a-hummin'
Spite o' col' an' showahs,
Chris'mus day 's a-comin',
An' all de week is ouahs.

65

Signs of the Times

Air a-gittin' cool an' coolah,
  Frost a-comin' in de night,
Hicka' nuts an' wa'nuts fallin',
  'Possum keepin' out o' sight.
Tu'key struttin' in the ba'nya'd,
  Nary step so proud ez his;
Keep on struttin', Mistah Tu'key,
  Yo' do' know whut time it is.

71

Cidah press commence a-squeakin,'
   Eatin' apples sto'ed away,
Chillun swa'min' 'roun' lak ho'nets,
   Huntin' aigs ermung de hay.
Mistah Tu'key keep on gobblin'
   At de geese a-flyin' souf,
Oomph! dat bird do' know whut 's
     comin';
   Ef he did he 'd shet his mouf.

Pum'kin gittin' good an' yallah
   Mek me open up my eyes;
Seems lak it 's a-lookin' at me
   Jes' a-la'in' dah sayin' "Pies."
Tu'key gobbler gwine 'roun' blowin',
   Gwine 'roun' gibbin' sass an' slack;
Keep on talkin', Mistah Tu'key,
   You ain't seed no almanac.

75

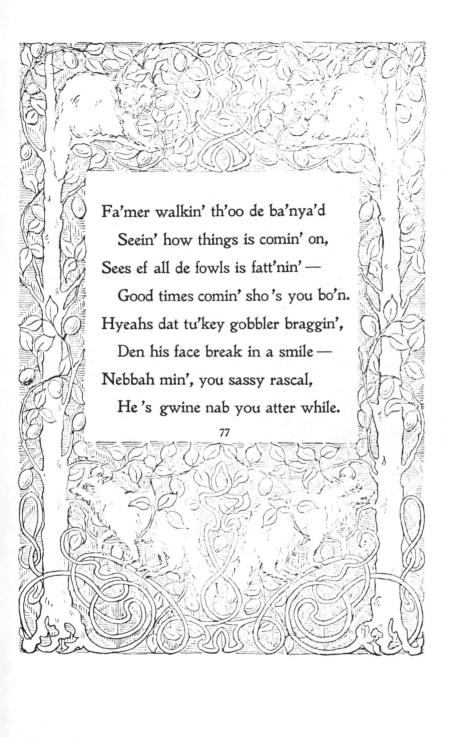

Fa'mer walkin' th'oo de ba'nya'd
    Seein' how things is comin' on,
Sees ef all de fowls is fatt'nin' —
    Good times comin' sho 's you bo'n.
Hyeahs dat tu'key gobbler braggin',
    Den his face break in a smile —
Nebbah min', you sassy rascal,
    He 's gwine nab you atter while.

77

Choppin' suet in de kitchen,

Stonin' raisins in de hall,

Beef a-cookin' fu' de mince meat,

Spices groun'—I smell 'em all.

Look hyeah, Tu'key, stop dat gob-
blin',

You ain' luned de sense ob feah,

You ol' fool, yo' naik's in dangah,

Do' you know Thanksgibbin's
hyeah?

79

Time to Tinker 'Roun'

Summah 's nice, wif sun a-shinin',
    Spring is good wif greens and grass,
An' dey 's some t'ings nice 'bout win-
        tah,
    Dough hit brings de freezin' blas';
But de time dat is de fines',
    Whethah fiel's is green er brown,
Is w'en de rain 's a-po'in'
    An' dey 's time to tinker 'roun'.

85

Den you men's de mule's ol' ha'ness,
    An' you men's de broken chair,
Hummin' all de time you's wo'kin'
    Some ol' common kind o' air.
Evah now an' then you looks out,
    Tryin' mighty ha'd to frown,
But you cain't, you's glad hit's rain-
        in',
    An' dey's time to tinker 'roun'.

87

Oh, you 'ten's lak you so anxious
　　Evah time it so' o' stops.
W'en hit goes on, den you reckon
　　Dat de wet 'll he'p de crops.
But hit ain't de crops you 's aftah;
　　You knows w'en de rain comes
　　　　down
Dat 's hit 's too wet out fu' wo'kin',
　　An' dey 's time to tinker 'roun'.

89

Oh, dey's fun inside de co'n-crib,
　An' dey's laffin' at de ba'n;
An' dey's allus some one jokin',
　Er some one to tell a ya'n.
Dah's a quiet in yo' cabin,
　Only fu' de rain's sof' soun';
So you's mighty blessed happy
　W'en dey's time to tinker 'roun'!

91

Lullaby

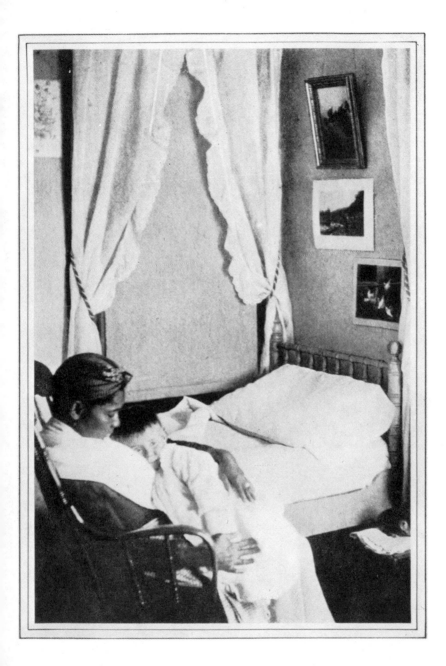

Bedtime 's come fu' little boys,
　　Po' little lamb.
Too tiahed out to make a noise,
　　Po' little lamb.
You gwine t' have to-morrer sho'?
Yes, you tole me dat befo',
Don't you fool me, chile, no mo',
　　Po' little lamb.

You been bad de livelong day,
    Po' little lamb.
Th'owin' stones an' runnin' 'way,
    Po' little lamb.
My, but you's a-runnin' wil',
Look jes' lak some po' folks chile;
Mam' gwine whup you atter while,
    Po' little lamb.

99

Come hyeah! you mos' tiahed to def,
  Po' little lamb.
Played yo'se'f clean out o' bref,
  Po' little lamb.
See dem han's now — sich a sight!
Would you evah b'lieve dey's white?
Stan' still twell I wash 'em right,
  Po' little lamb.

101

Jes' cain't hol' yo' haid up straight,
　　Po' little lamb.
Had n't oughter played so late,
　　Po' little lamb.
Mammy do' know whut she 'd do,
Ef de chillun's all lak you;
You 's a caution now fu' true,
　　Po' little lamb.

103

Lay yo' haid down in my lap,
　　Po' little lamb.
Y'ought to have a right good slap,
　　Po' little lamb.
You been runnin' roun' a heap.
Shet dem eyes an' don't you peep,
Dah now, dah now, go to sleep,
　　Po' little lamb.

105

A Banjo Song

107

Oh, dere's lots o' keer an' trouble
   In dis world to swaller down;
An' ol' Sorrer's purty lively
   In her way o' gittin' roun'.
Yet dere's time when I furgit 'em, —
   Aches an' pains an' troubles all, —
An' it's when I tek at ebenin'
   My ol' banjo f'om de wall.

111

'Bout de time dat night is fallin'
  An' my daily wu'k is done,
An' above de shady hilltops
  I kin see de settin' sun;
When de quiet, restful shadders
  Is beginnin' jes' to fall, —
Den I take de little banjo
  F'om its place upon de wall.

113

Den my fam'ly gadders roun' me
   In de fadin' o' de light,
Ez I strike de strings to try 'em
   Ef dey all is tuned er-right.
An' it seems we're so nigh heaben
   We kin hyeah de angels sing
When de music o' dat banjo
   Sets my cabin all er-ring.

115

An' my wife an' all de othahs, —
   Male an' female, small an' big, —
Even up to gray-haired granny,
   Seem jes' boun' to do a jig;
Twell I change de style o' music,
   Change de movement an' de time,
An' de ringin' little banjo
   Plays an ol' hea't-feelin' hime.

An' somehow my th'oat gits choky,
  An' a lump keeps tryin' to rise
Lak it wan'ed to ketch de water
  Dat was flowin' to my eyes;
An' I feel dat I could sorter
  Knock de socks clean off o' sin
Ez I hyeah my po' ol' granny
  Wif huh tremblin' voice jine in.

119

Den we all th'ow in our voices
    Fu' to he'p de chune out too,
Lak a big camp-meetin' choiry
    Tryin' to sing a mou'nah th'oo.
An' our th'oats let out de music,
    Sweet an' solemn, loud an' free,
Twell de raftahs o' my cabin
    Echo wif de melody.

121

Oh, de music o' de banjo,
  Quick an' deb'lish, solemn, slow,
Is de greates' joy an' solace
  Dat a weary slave kin know!
So jes' let me hyeah it ringin',
  Dough de chune be po' an' rough,
It 's a pleasure; an' de pleasures
  O' dis life is few enough.

123

Now, de blessed little angels
    Up in heaben, we are told,
Don't do nothin' all dere lifetime
    'Ceptin' play on ha'ps o' gold.
Now I think heaben 'd be mo' homelike
    Ef we 'd hyear some music fall
F'om a real ol'-fashioned banjo,
    Like dat one upon de wall.

125

B 7